かけるだけで絶品おかず

かけだれ30

検見﨑聡美

青春新書
PLAYBOOKS

はじめに

忙しくて料理が面倒、そもそも料理が苦手、料理が苦痛だ！
だけど、テイクアウトも外食も、毎日じゃお金がもたない…。
家族がいればそれなりに料理しなければならないし、
そのうえ、ある程度はおいしくないと、家族から文句や不満が…。

そこで本書は、〝かけるだけ〟でおいしい料理が完成しちゃう
魔法のような万能だれを30種類ご用意しました。
この万能だれ、作り方は、なんと混ぜるだけ！
コンロもレンジも使いません。

焼いただけ、チンしただけの肉や魚に、
切っただけ、ゆでただけの野菜や豆腐に、
冷凍食品やスーパーで買ったお惣菜にかけるだけで、
絶品おかずができちゃいます！

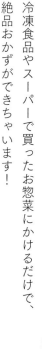

かけるだけで
絶品おかず
かけだれ30

CONTENTS

人気のかけだれシリーズ

薬味ポン酢だれ …… 12
かんたん油淋鶏
レンチン蒸しなす

ナポリタンだれ …… 16
スパゲティ・ナポリタン
鶏むね肉の炒め物

タルタルだれ …… 20
じゃがいものガレット
たいの蒸し煮

チンジャオだれ …… 24
即席チンジャオロース
中華焼きそば

トマトオイスターだれ …… 28
大根ステーキ
あじのたたき

ツナクリームチーズだれ …… 32
にんじんのグリル
かじきのソテー

アボカド塩レモンだれ …… 36
豚ひれ肉のソテー
レンチン蒸し玉ねぎ

にらじょうゆだれ …… 40
中華トマトスライス
中華風ゆで豚

塩昆布カリカリ梅だれ …… 44
レンチン蒸し手羽先
ちぎりレタスサラダ

ご褒美かけだれシリーズ

デミグラだれ 50
牛肉のソテー洋食風
西洋たたきごぼう

はちみつブルーチーズだれ 54
大人の大学いも
ごちそう目玉焼き

カレークリームだれ 59
チキンソテー
長ねぎの蒸し煮

天かすハーブだれ 62
ゆでえびのフリット風
ゆでアスパラガス

マスタードマーマレードだれ 66
焼きズッキーニ
サテ風レバー

ねぎ塩レモンだれ 70
たらのワイン蒸し
豆もやしのレモンナムル

ピリ辛かけだれシリーズ

マーボーだれ……76
かんたん麻婆豆腐
麻婆キャベツ

高菜ナンプラーだれ……80
ピリ辛高菜ごはん
鶏ひき肉のそのままソテー

ナンプラー甘酢だれ……84
エスニックなます
エスニック風さばソテー

チリトマトだれ……88
たこのセビーチェ風
白菜サラダ

山椒じょうゆだれ……92
ゆでじゃがいも
ぶりのてり焼き風

辛甘みそだれ……96
オイキムチ風きゅうり
豚ばらカリカリ炒め

発酵かけだれシリーズ

パルメザンペッパーだれ 102
レタスとバゲットのシーザーサラダ風
イタリアンうどん

アンチョビにんにくだれ 106
ほたてのカルパッチョ
ゆでキャベツサラダ

ヨーグルトきゅうりだれ 110
ほうれん草のトルコ風サラダ
サーモンソテー

甘みそだれ 114
焼きさばみそ
ゆで玉ねぎ

ピーナッツ酢みそだれ 118
焼きねぎ
蒸し鶏

クルミみそだれ 122
セロリスティック
厚揚げ焼き

かければ和食だれ

豆腐だれ……48
ごまだれ……74
梅だれ……100

本文デザイン…………青木佐和子
撮影……………………鈴木江実子
スタイリング…………黒木優子
料理アシスタント……大木詩子

本書のレシピは、ぜんぶ2ステップです

ステップ1 かけだれの材料を混ぜ合わせる。

ステップ2 肉や魚、野菜や豆腐、
買ってきたお惣菜、冷凍食品などに
たれをかける。

＊肉や魚などの食材は、
ゆでる・焼く・炒める・蒸す・レンチンなど
お好みで。特に味つけする必要はありません。

＊大さじ1は15mℓ、小さじ1は5mℓです。
＊かけだれは2〜3人分。
＊〈パパッと一品〉の材料は2人分です。

人気のかけだれシリーズ

みんな大好きな
「あのたれ」「あの味」を集めました。
何にかけても絶品おかずに仕上る万能だれです。

人気のかけだれ
シリーズ

薬味ポン酢だれ

Yakumi Ponzu Sauce

2〜3
人分

〈薬味ポン酢だれ〉

材料

レモン汁……大さじ1
しょうゆ……大さじ1
砂糖……大さじ1
ごま油……小さじ1/2
オイスターソース……小さじ1/2
長ねぎ（刻む）……大さじ2
しょうが（刻む）……小さじ1/2
にんにく（刻む）……小さじ1/4

作り方

すべての材料を混ぜ合わせる。

使い方

＊鶏の唐揚げにかければ、油淋鶏に。
＊とんかつ、白身魚のフライなど、揚げ物との相性バッチリ。
＊蒸したり、ゆでたりした肉や魚に。
＊温野菜や豆腐にかけても。

かんたん油淋鶏

薬味ポン酢だれ
でパパッと一品

作り方

買ってきた鶏の唐揚げや、冷凍食品の唐揚げにかける。

〈鶏の唐揚げを作るなら〉
鶏もも肉1枚に塩少々と酒大さじ1/2をもみ込む。
片栗粉をはたきつけ、170～180度に熱した揚げ油でカリッと揚げる。

レンチン蒸しなす

薬味ポン酢だれ
でパパッと一品

作り方

なす2本（150g）はヘタを切り落として、それぞれラップで包み、600Wの電子レンジで3分加熱する。半分に切ってたれをかける。

人気のかけだれシリーズ

ナポリタンだれ

Naporitan Sauce

2〜3
人分

〈ナポリタンだれ〉

材料

トマト缶（ダイス）……大さじ3
ケチャップ……大さじ3
しょうゆ……小さじ1/2
塩……小さじ1/8
チリペッパー……少々
玉ねぎ（刻む）……大さじ2
ピーマン（刻む）……大さじ1

作り方

すべての材料を混ぜ合わせる。

使い方

＊パスタにかければ即席ナポリタン。
＊うどんやソーメンにかけても。
＊焼いたりゆでたりした鶏肉に。
＊ごはんにかけても、実はおいしい。

スパゲティ・ナポリタン

ナポリタンだれ
でパパッと一品

作り方

スパゲティ150gは標示通りにゆでて、たれをかける。

鶏むね肉の炒め物

ナポリタンだれ
でパパッと一品

作り方

鶏むね肉1枚は食べやすい大きさに切り、サラダ油大さじ1を熱したフライパンで炒め、たれをかける。

人気のかけだれシリーズ

タルタルだれ

Tartar Sauce

2〜3人分

〈タルタルだれ〉

材料

マヨネーズ……大さじ3

ゆで卵（フォークの背でつぶす）……1コ

甘酢しょうが（刻む）……大さじ1

紫玉ねぎ（刻む）……大さじ2

ナンプラー……小さじ1

砂糖……小さじ1/2

作り方

すべての材料を混ぜ合わせる。
甘酢しょうがは、寿司についてくるガリのこと。

使い方

＊どんなフライにも合う。
＊鶏の唐揚げにかければチキン南蛮風。
＊ゆでたじゃがいもやブロッコリーなどに。
＊蒸した肉や魚などとも相性抜群。

じゃがいものガレット

タルタルだれでパパッと一品

作り方

じゃがいも2コはスライサーで細切りにし、オリーブ油大さじ1を熱したフライパンに丸く平たくまとめ、こんがりと焼いてたれをかける。

作り方

たいの切り身2切れは、フライパンに並べ入れて酒大さじ1をふり、湯大さじ2を加えて強火にかけ、沸騰したらフタをして弱火にする。
魚に火が通ったら取り出して、たれをかける。

人気のかけだれシリーズ

チンジャオだれ

Chinjao Sauce

2〜3人分

〈チンジャオだれ〉

材料

オイスターソース……大さじ1

しょうゆ……小さじ2

ごま油……小さじ1

おろしにんにく……少々

ピーマン（刻む）……大さじ2

こしょう……少々

作り方

すべての材料を混ぜ合わせる。

使い方

＊牛肉の細切り炒めにかければ、即席チンジャオロース。
＊豆腐にかければ中華やっこに。
＊中華麺やうどんにかけて、中華和え麺にも。
＊白身魚の刺身にかけるのもおすすめ。

即席チンジャオロース

チンジャオだれ
でパパッと一品

作り方

牛薄切り肉150gは細切りにして片栗粉小さじ1を混ぜ、サラダ油大さじ1/2を熱したフライパンで炒め、たれをかける。

中華焼きそば

チンジャオだれでパパッと一品

作り方

中華蒸し麺2玉はサラダ油大さじ1を熱したフライパンに入れ、カリッと焦げ目がつくまで焼きつける。焦げ目がついたらほぐし炒め、盛りつけてたれをかける。

人気のかけだれシリーズ

トマトオイスターだれ

Tomato Oyster Sauce

2〜3人分

〈トマトオイスターだれ〉

材料

トマト（刻む）……1コ（150g）
ごま油……大さじ1
オイスターソース……大さじ1
しょうゆ……小さじ1
砂糖……小さじ1
こしょう……少々

作り方

すべての材料を混ぜ合わせる。

使い方

＊豚ばら肉や牛肉などの焼き肉やステーキに。
＊餃子にかけてもおいしい。
＊刺身にかけると中華風のひと皿に。
＊生野菜、ゆで野菜、焼き野菜にもよく合う。

大根ステーキ

トマト
オイスター
だれ
でパパッと一品

作り方

大根は1.5cm厚さの輪切りを4枚用意し、オリーブ油大さじ1/2を熱したフライパンで裏表じっくりと焼きつける。こんがりとやわらかく焼けたらたれをかける。

あじのたたき

トマトオイスターだれでパパッと一品

作り方

刺身用あじを細かく刻み、たれをかける。
あじは三枚におろして皮を取り除いたもの４枚が2人分。

人気のかけだれシリーズ

ツナクリームチーズだれ

Tuna Creamcheese Sauce

2〜3人分

〈ツナクリームチーズだれ〉

材料

ツナ（缶詰）……70g

クリームチーズ……50g

レモン汁……小さじ1

塩……小さじ1/4

玉ねぎ（みじん切り）……大さじ2

こしょう……少々

作り方

ツナはオイルごとフォークの背でよくつぶす。
クリームチーズは常温にもどす。
すべての材料を混ぜ合わせる。

使い方

＊焼き野菜、ゆで野菜にかけて。
＊鶏むね肉や白身魚など、淡泊な食材とよく合う。
＊野菜スティックのディップとしても使える。
＊パンにぬって食べてもおいしい。

にんじんのグリル

ツナクリームチーズだれでパパッと一品

作り方

にんじん小2本は縦半分に切る。
オーブンなら180度で20～30分、魚焼きグリルなら20分グリルして、たれをかける。

かじきのソテー

ツナクリームチーズだれでパパッと一品

作り方

かじきまぐろ2切れは塩こしょう各少々で下味をつけ、オリーブ油大さじ1/2を熱したフライパンでソテーし、たれをかける。

人気のかけだれシリーズ

アボカド塩レモンだれ

Avocado Shio Lemon Sauce

2〜3人分

〈アボカド塩レモンだれ〉

材料

アボカド……1コ

レモン汁……大さじ1

塩……小さじ1/4

オリーブ油……大さじ1

チリペッパー……少々

玉ねぎ（刻む）……大さじ2

作り方

アボカドは種を取って皮をむき、フォークの背でつぶし、すべての材料を混ぜ合わせる。

使い方

＊肉や魚のソテーにおすすめ。

＊蒸し鶏や蒸した魚に。

＊焼き野菜、ゆで野菜、蒸し野菜にかけて。

＊野菜スティックのディップとしても使える。

＊パンにぬって食べてもおいしい。

豚ひれ肉のソテー

作り方

豚ひれ肉150gは1cm幅に切り、塩こしょう各少々で下味をつける。
オリーブ油大さじ1/2を熱したフライパンでソテーし、たれをかける。

レンチン蒸し玉ねぎ

アボカド
塩レモンだれ
でパパッと一品

作り方

玉ねぎ小2コ（300g）は縦半分に切り、耐熱容器に入れてラップをし、600Wの電子レンジで3分加熱して、たれをかける。

人気のかけだれシリーズ

にらじょうゆだれ

Nira Shoyu Sauce

2～3人分

〈にらじょうゆだれ〉

材料

にら（刻む）……1/4束（25g）

しょうゆ……大さじ1

砂糖……大さじ1/2

ごま油……大さじ1/2

作り方

すべての材料を混ぜ合わせる。

使い方

＊かければ中華風になる。
＊市販の餃子やシュウマイに。
＊ゆで豚、ゆで鶏もおすすめ。
＊生野菜にかければ、食べごたえのあるサラダに。

中華トマトスライス

にらじょうゆだれ でパパッと一品

作り方

トマト2コはスライスし、たれをかける。

中華風ゆで豚

にらじょうゆだれ
でパパッと一品

作り方

豚ばら薄切り肉150gはゆでて、たれをかける。

人気のかけだれシリーズ

塩昆布カリカリ梅だれ

Shio Kombu Karikari Ume Sauce

2〜3人分

〈塩昆布カリカリ梅だれ〉

材料

塩昆布（刻む）……大さじ1

カリカリ梅（刻む）……大さじ2

白いりごま……大さじ2

作り方

すべての材料を混ぜ合わせる。

使い方

＊肉や魚にかければ、和風のおかずが完成。
＊ゆでたほうれん草や小松菜にかけて副菜に。
＊生野菜にかければ、食感が楽しいサラダに。
＊ごはんにかけて、ふりかけとしても。

レンチン蒸し手羽先

塩昆布カリカリ梅だれでパパッと一品

作り方

鶏手羽先6本(250g)は酒大さじ1をふり、600Wの電子レンジで3分加熱して、たれをかける。

ちぎりレタスサラダ

塩昆布カリカリ梅だれ
でパパッと一品

作り方

レタス1/4コは食べやすい大きさにちぎり、たれをかける。

かければ和食だれ

豆腐だれ

2〜3 人分

材料

木綿豆腐……100g
塩……小さじ1/4
砂糖……大さじ1
白すりごま……大さじ2

作り方

木綿豆腐はフォークの背でつぶす。
すべての材料を混ぜ合わせる。

使い方

＊ほうれん草、にんじん、春菊、アスパラガスなど、季節の野菜をゆでてかければ、白和え風。
＊ゆでひよこ豆、ミックスビーンズ、市販のひじき煮に。
＊サーモンなどの刺身にかけてもおいしい。

ご褒美かけだれシリーズ

がんばった日や
うれしいことがあった日は、
ちょっと贅沢気分が味わえるたれの出番です。

2〜3
人分

ご褒美かけだれ
シリーズ

デミグラだれ

Demigla Sauce

〈デミグラだれ〉

材料

ウスターソース……大さじ1

ケチャップ……大さじ3

八丁みそ（普通のみそでも可）……大さじ1

赤ワイン……大さじ1

酢……小さじ1

しょうゆ……小さじ1

こしょう……少々

作り方

すべての材料を混ぜ合わせる。

使い方

＊かければ洋食屋さん風になる。
＊ハンバーグ、ポークソテーに最適。
＊カツやえびフライもおすすめ。
＊野菜にかけると、味にボリュームが出る。

牛肉のソテー洋食風

デミグラだれ
でパパッと一品

作り方

牛こま切れ肉150gはオリーブ油大さじ1/2を熱したフライパンでソテーし、たれをかける。

西洋たたきごぼう

デミグラだれ
でパパッと一品

作り方

ごぼう1/2本はやわらかくゆでる。
すりこぎなどで叩いて割れ目を入れ、
3～4㎝長さ5㎜太さに切って、たれをかける。

ご褒美かけだれ
シリーズ

はちみつ
ブルーチーズだれ

Hachimitsu Bluecheese Sauce

2～3
人分

〈はちみつブルーチーズだれ〉

材料

ブルーチーズ……大さじ3

はちみつ……大さじ2

クルミ（刻む）……大さじ2

塩……少々

こしょう……少々

作り方

すべての材料を混ぜ合わせる。

使い方

＊甘みと塩味とコクで、何にかけてもごちそう感が出る。
＊ポークソテーなど、豚肉との相性がいい。
＊野菜スティックなどもおすすめ。
＊バゲットにのせて、ワインのおつまみにも。

大人の大学いも

はちみつ
ブルーチーズ
だれ
でパパッと一品

作り方

さつまいも150gはゆでて、食べやすい大きさに切り、たれをかける。

ごちそう目玉焼き

はちみつ
ブルーチーズ
だれ
でパパッと一品

作り方

目玉焼きを焼いて、たれをかける。

ご褒美かけだれシリーズ

カレークリームだれ

Curry Cream Sauce

2～3人分

〈カレークリームだれ〉

材料

生クリーム……100㎖
カレー粉……小さじ1
塩……小さじ1/4
玉ねぎ（刻む）……大さじ2
おろしにんにく……少々
レモン汁……小さじ1
バター……大さじ1

作り方

バターは5㎜角に切る。
すべての材料を混ぜ合わせる。

使い方

＊牛でも豚でも鶏でも、肉との相性がいい。
＊野菜も食べごたえのあるおかずになる。
＊さば缶にかけると、さばカレー風。
＊チキンにかければ、バターチキンカレー風に。

チキンソテー

カレークリームだれでパパッと一品

作り方

鶏もも肉1枚は、オリーブ油大さじ1を熱したフライパンでこんがりとソテーし、たれをかける。

長ねぎの蒸し煮

カレークリームだれ
でパパッと一品

作り方

長ねぎ2本は食べやすい長さに切り、フライパンに並べ入れる。
湯大さじ2を加えて強火にかけ、沸騰したらフタをして弱火にする。
やわらかくなったら取り出して、たれをかける。

ご褒美かけだれ
シリーズ

天かす
ハーブだれ

Tenkasu Herb Sauce

2〜3
人分

〈天かすハーブだれ〉

材料

天かす……大さじ4
ディルウィード……小さじ1
オレガノ……小さじ1
塩……小さじ1/4
粗びき白こしょう……少々

作り方

すべての材料を混ぜ合わせる。

使い方

＊魚介類との相性が抜群。
＊ゆでた魚介類にかけるだけで、天ぷら風になる。
＊野菜にかけると、食べごたえのあるひと皿に。
＊ごはんにかけても、実はおいしい。

ゆでえびのフリット風

天かすハーブだれでパパッと一品

作り方

えび6尾は殻をむき、背に切り込みを入れて背ワタを取る。
色よくゆでて、たれをかける。

ゆでアスパラガス

天かすハーブだれ
でパパッと一品

作り方

アスパラガス6本はゆでて、たれをかける。

ご褒美かけだれシリーズ

マスタード マーマレードだれ

Mustard Marmalade Sauce

2〜3
人分

〈マスタードマーマレードだれ〉

材料

マーマレード……大さじ2
練りがらし……大さじ1
しょうゆ……小さじ1/4
塩……小さじ1/8
ドライフルーツ（レーズン、アンズなど。ミックスでも可）……大さじ2
ナッツ（カシューナッツ、クルミなど）……大さじ2
レモン汁……小さじ1

作り方

ドライフルーツ、ナッツは刻む。
すべての材料を混ぜ合わせる。

使い方

＊甘くてツンと辛いたれが、レバーなどくせのある食材とよく合う。
＊肉料理全般と相性がいい。
＊じゃがいもやかぼちゃ、ズッキーニなどに。
＊ドライフルーツやナッツのアクセントで食感も楽しめる。

焼きズッキーニ
マスタードマーマレードだれ
でパパッと一品

作り方

ズッキーニ1本は1.5cm幅に切り、オリーブ油大さじ1を熱したフライパンで焼きつける。こんがり焼けたらたれをかける。

サテ風レバー
マスタード
マーマレード
だれ
でパパッと一品

作り方

焼き鳥レバーの塩4本を電子レンジで温め、たれをかける。

2〜3
人分

ご褒美かけだれ
シリーズ

ねぎ塩
レモンだれ

Negi Shio Lemon Sauce

〈ねぎ塩レモンだれ〉

材料

長ねぎ（刻む）……大さじ4

塩……小さじ1/4

オリーブ油……大さじ1

レモンスライス……2枚

作り方

レモンスライスは8等分のくし形に切る。
すべての材料を混ぜ合わせる。

使い方

＊蒸した白身魚や鶏むね肉など、淡泊なものと好相性。

＊薬味たっぷりのさっぱりだれなので、揚げ物にもよく合う。

＊豆腐や温野菜もおすすめ。

たらのワイン蒸し

ねぎ塩レモンだれ
でパパッと一品

作り方

生たら2切れは、フライパンに並べ入れて白ワイン大さじ1をふり、湯大さじ2を加えて強火にかけ、沸騰したらフタをして弱火にする。
たらに火が通ったら取り出して、たれをかける。

豆もやしのレモンナムル

ねぎ塩レモンだれ
でパパッと一品

作り方

豆もやし1/2袋は根をつんでゆでて、たれをかける。

ごまだれ

2〜3人分

材料

黒すりごま……大さじ4
しょうゆ……大さじ1
砂糖……小さじ1

作り方

すべての材料を混ぜ合わせる。

使い方

＊ほうれん草、小松菜、ブロッコリー、いんげんなど、季節の野菜をゆでてかければ、ごま和え風。
＊にんじんの細切りサラダやゆでもやしにかけても。
＊たいの刺身や蒸した豚肉や鶏肉もおすすめ。

ピリ辛かけだれシリーズ

ごはんもお酒もすすむピリ辛だれ。
和・洋・中・エスニック――
いろんなピリ辛を集めました。

ピリ辛かけだれシリーズ

マーボーだれ

Mabo Sauce

2～3 人分

〈マーボーだれ〉

材料

豆板醤……大さじ1/2
八丁みそ（普通のみそでも可）……大さじ1
砂糖……大さじ1/2
ごま油……小さじ1
おろしにんにく……少々
長ねぎ（刻む）……大さじ3

作り方

すべての材料を混ぜ合わせる。

使い方

＊ゆでた豆腐にかければ麻婆豆腐。
＊炒めたなすにかければ麻婆なすに。
＊豚ばら薄切り肉、蒸し鶏もおすすめ。
＊きゅうりやレタス、キャベツ、じゃがいもなどの野菜にも。

かんたん麻婆豆腐

マーボーだれでパパッと一品

作り方

木綿豆腐一丁は角切りにし、水からゆでる。
豆腐がゆらゆらしたら取り出し、たれをかける。

麻婆キャベツ

マーボーだれ でパパッと一品

作り方

キャベツ1/4コはひと口大のざく切りにし、ごま油大さじ1/2を熱したフライパンで炒め、たれをかける。

ピリ辛かけだれ
シリーズ

高菜
ナンプラーだれ

Takana Nampla Sauce

2〜3
人分

〈高菜ナンプラーだれ〉

材料

高菜漬け（刻む）……大さじ2

刻み唐辛子……小さじ1/4

ナンプラー……大さじ1

長ねぎ（刻む）……大さじ2

ごま油……小さじ1

作り方

すべての材料を混ぜ合わせる。

使い方

＊うまみたっぷりなので、淡泊な食材に。
＊白身魚や鶏肉、豆腐と好相性。
＊餃子にかけたり、炒め野菜にかけたり。
＊ごはんやゆで麺にかけても。

ピリ辛高菜ごはん

高菜ナンプラーだれでパパッと一品

作り方

ごはんにたれをかける。

鶏ひき肉のそのままソテー

高菜ナンプラーだれでパパッと一品

作り方

オリーブ油大さじ1/2を熱したフライパンに、鶏ひき肉200gをパックから直接パカッと入れ、ほぐさずにソテーする。両面こんがり焼けたら、たれをかける。

ピリ辛かけだれシリーズ

ナンプラー甘酢だれ

Nampla Amazu Sauce

2〜3人分

青春新書 INTELLIGENCE こころ涌き立つ「知」の冒険

青春新書インテリジェンス

生前贈与の「やってはいけない」
日本一相続を見てきた税理士が伝える、生前贈与に役立つ知恵が詰まった一冊
税理士法人レガシィ 天野 隆 天野大輔 1067円

「中学英語」を学び直すイラスト教科書
全ての英会話のベースとなる「中学英語」を一時間で見直す一冊！
晴山陽一 1100円

暮らしを彩る日本の伝統「文様」のしきたり
日本人として知っておきたいじつは身近で、奥深い文様の世界
藤依里子 1210円

語源×図解 もっとくらべて覚える英単語 名詞
朝日ウイークリーの書籍化第2弾！ イラスト付きの解説で覚えやすい！
清水建二 すずきひろし【イラスト】 1210円

すごいタイトル㊙法則
人気コピーライターが教える、超ヒットを生むタイトル付けの極意
川上徹也 1100円

いちばん効率がいいすごいジム・トレ
この本はポケットに入るあなたのパーソナルトレーナーです
坂詰真二 1100円

「メンズビオレ」を売る進学校のしかけ
ユニークな取り組みを行う校長が明かす、自分で考え、動ける子どもが育つヒント
青田泰明 1133円

結局、年金は何歳でもらうのが一番トクなのか
増田 豊 1089円

日本人が言えそうで言えない英語表現650
〝日本人の英語の壁〟を知り尽くした著者の目からウロコの英語レッスン
キャサリン・A・クラフト【著】 里中哲彦【編訳】 1078円

教養としてのダンテ「神曲」〈地獄篇〉
700年読み継がれた世界文学の最高傑作に、いま、読むべき時代の波が巡ってきた！
佐藤 優 1485円

世界史で読み解く名画の秘密
あの名画の神髄に触れる「絵画」×「世界史」の魅惑のストーリー
内藤博文 1485円

人生の頂点（ピーク）は定年後
自分らしい頂点をきわめる一番確実なルートの見つけ方
池口武志 1078円

相続格差
相続で縁が切れる家族、仲が深まる家族の分岐点とは？
税理士法人レガシィ 天野 隆 1067円

俺が戦った真に強かった男
〝ミスター・プロレス〟が初めて語る外からは見えない強さとは
天龍源一郎 1089円

NFTで趣味をお金に変える
趣味や特技がお金に変わる夢のテクノロジーを徹底解説！
tochi（とち） 1155円

ドイツ人はなぜ、年収アップと環境対策を両立できるのか
熊谷 徹 1078円

2302-B

ミーポンとキヨチの

青春 読書のーと

第126回「信念は貫き通すもの」の巻

ほんとうのあなたに出逢う

青春文庫

- 1秒で目からウロコ **大人の雑学** 知ってるだけで一目おかれる、日本人の9割が知らないとびっくりの雑学ネタ219項 話題の達人倶楽部［編］ 1000円
- **最後に勝つ負け方を知っておけ。** アントニオ猪木流、先の見えない時代を生き抜く流儀 アントニオ猪木 935円
- あなたの評価をガラリと変える！ **「ことば」の1秒クイズ** 読み間違い、書き間違い…「日本語を正しく使う力」を総チェックできる一冊！ 話題の達人倶楽部［編］ 1089円
- **地形で解く すごい日本列島** 大地、気象、岩石・土壌など…日本列島の地形の謎と疑問をとことんまで深掘り！ おもしろ地理学会［編］ 869円
- **「水中遺跡」** 消えた日本史を追え！ 海底、湖底…時を超えた歴史探査の旅へ 「遺された歴史」取材班［編］ 869円
- 【1日1分中村天風】 **人生のすべてをつくる思考** 自分に迷ったとき、人生を切り開きたいと強く望むとき、背中を押してくれる本 井上裕之 968円
- **他人にも自分にもやさしくなりたいあなたへ** 精神科医が「自分もまわりも大事にするヒント」を伝えます 長沼睦雄 952円
- お茶の時間の1日1話 **心のひと休み** 植西聰 660円
- とびっきりのネタ満載！ **天下無双の大人の雑学** 雑談力がメキメキ上がる無敵の雑学236項！ 話題の達人倶楽部［編］ 1045円
- **「カノッサの屈辱」を30秒で説明せよ。** 大人の必須教養が身につく、ニュータイプの世界史読本 おもしろ世界史学会［編］ 902円
- **1分後、誰かに話したくなる 47の「寓話」** 読めばきっと、新しい自分にめぐり会える本 話題の達人倶楽部［編］ 869円
- 世界地図でわかる **／すごい／地形** 地球の誕生からはじまる謎と不思議のドラマを追う！ おもしろ地理学会［編］ 869円
- 通も知らない！ **鉄道の雑学事典** 思わず行って確かめたくなる、鉄道雑学の決定版 櫻田純［監修］ 1089円
- **仮説の日本史** 定説では解けない謎の真相に迫る！ 歴史の謎研究会［編］ 869円
- **マッキンゼーで学んだ最高に効率のいい働き方** マッキンゼーのエリートたちが実践していた最強のビジネス習慣25項！ 大嶋祥誉 880円
- **自分をどう愛するか**〈新装版〉 遠藤周作 899円

青春新書 PLAYBOOKS 人生を自由自在に活動する

青春新書プレイブックス

- 1分「耳ストレッ… ツボが集まる「耳」を刺激すれば体…
- イラスト図解 **超ウケる「物理と化学」** 知識不要で楽しめる「生活がちょっとかしこくなる」科学… 1100円
- 西洋医学の名医が教える **新型コロナと速効！漢方** 漢方処方の第一人者が教える、感染予防などに効果的な漢方服用法 井齋偉矢
- 面白くてやみつきになる！ **文系も超ハマる数学** 大人気シリーズ第2弾！数学嫌いもハマる新ネタが満載！ 横山明日希 1100円
- 【図解】 **明日を生きるための「資本論」** 池上彰氏との白熱対談掲載！「資本論」が教えてくれるこれからの働き方 的場昭弘［監修］ 1210円
- 「なんとなく不調」から抜け出す！ **「2つの体内時計」の秘密** たまっていた疲れの正体は、自覚のない「時差ぼけ」だった！ 八木田和弘 1133円
- ドキドキするほど面白い！ **文系もハマる科学** 教科書にないときめく科学の遊び方 五十嵐美樹 1100円
- ずっと元気でいたければ **60歳から食事を変えなさい** 最新栄養学からわかった〝食べ方の分岐点〟とは 森由香子 1100円
- 日本各…
- **60歳か…お金と健…** 〝60歳からのこれから…
- 飲んでも元気でいたい **男は50歳からつまみを変…** 料理ベタな男性でも簡単レシピ！おつまみでアンチエ… …料理）美… 1430円
- 長生きしたければ **「呼吸筋」を鍛えなさい** 免疫UP、誤嚥・認知症の予防…大切なのは「呼吸筋」です …生夫 1210円
- のっけ盛りが毎日楽しい **100円でお弁当** これが、たったの100円!? おいしいのっけ盛り52品 検見﨑聡美 1430円
- 一生、元気でいたければ **50歳からは「食べやせ」をはじめなさい** 最新栄養学から導き出した50代からのダイエット新常識 森由香子 1100円

表示は税込価格

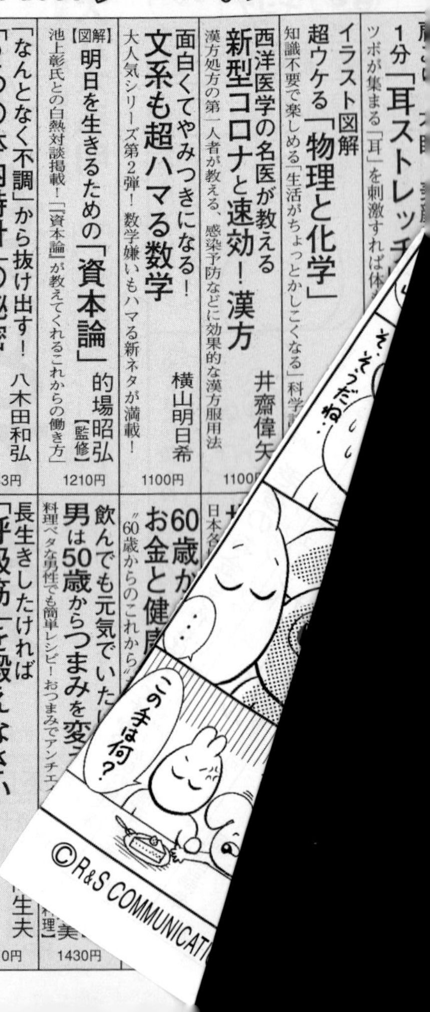

〈ナンプラー甘酢だれ〉

材料

ナンプラー……大さじ1

砂糖……大さじ1

酢……大さじ1

唐辛子（刻む）……小さじ1/2

にんにく（刻む）……小さじ1/4

ピーナッツ（刻む）……大さじ2

作り方

すべての材料を混ぜ合わせる。

使い方

＊何にかけてもエスニック風になる。

＊豆腐に、焼いた厚揚げに、ゆでたもやしに。

＊炒めた中華麺やゆでたうどんにかけても。

エスニックなます

ナンプラー甘酢だれでパパッと一品

作り方

大根5cm（100g）、にんじん1/8本（20g）は細切りにして混ぜ合わせ、たれをかける。

エスニック風さばソテー

ナンプラー甘酢だれでパパッと一品

作り方

さば1枚は2～3cm幅に切り、オリーブ油大さじ1/2を熱したフライパンでソテーする。こんがり焼けたら、たれをかける。

ピリ辛かけだれシリーズ

チリトマトだれ

Chili Tomato Sauce

2〜3人分

〈チリトマトだれ〉

材料

トマト（刻む）……1コ（150g）

オリーブ油……大さじ1

塩……小さじ1/4

チリペッパー……少々

紫玉ねぎ（刻む）……大さじ2

ピーマン（刻む）……大さじ1

レモンスライス……2枚

作り方

レモンスライスは8等分のくし形に切る。
すべての材料を混ぜ合わせる。

使い方

＊野菜たっぷりのたれは、肉にも魚にも。
＊刺身用の魚介にかければセビーチェ風。
＊ポークソテーやチキンソテーに。
＊焼いたさばやいわしもおすすめ。

たこのセビーチェ風

チリトマトだれ
でパパッと一品

作り方

ゆでだこ100gはひと口大に切り、たれをかける。

白菜サラダ

チリトマトだれでパパッと一品

作り方

白菜2枚(150g)はひと口大に切り、たれをかける。

ピリ辛かけだれ
シリーズ

山椒
じょうゆだれ

Sansho Shoyu Sauce

2〜3
人分

〈山椒じょうゆだれ〉

材料

しょうゆ……大さじ1

砂糖……大さじ1/2

粉山椒……小さじ1/4

作り方

すべての材料を混ぜ合わせる。

使い方

* 焼き魚や鶏肉のソテーにかけると、てり焼き風になる。
* じゃがいもにかけると肉じゃが風の味わいに。
* 蒸したり焼いたりした白身魚にかけて、蒲焼き風。
* 焼いた豚肉や牛肉にかけても、もちろんおいしい。

ゆでじゃがいも

山椒じょうゆだれ

でパパッと一品

作り方

じゃがいも2コは皮をむいて大きめに切り、ゆでてたれをかける。

ぶりのてり焼き風

山椒じょうゆだれ
でパパッと一品

作り方

ぶり2切れは魚焼きグリルでこんがりと焼き、たれをかける。

ピリ辛かけだれ
シリーズ

辛甘みそだれ

Karaama Miso sauce

2〜3
人分

〈辛甘みそだれ〉

材料

粉唐辛子（甘口）……大さじ1

西京みそ（普通のみそでも可）……大さじ2

ごま油……小さじ1

砂糖……大さじ1

酢……小さじ1

塩……小さじ1/4

おろしにんにく……少々

長ねぎ（刻む）……大さじ2

作り方

すべての材料を混ぜ合わせる。

使い方

＊かけるだけで韓国料理風のおかずが楽しめる。
＊豚ばら肉との相性がいい。
＊野菜にかけるだけで、キムチ風の味わいになる。
＊さっとゆでたほうれん草、もやし、にんじんなどに。

オイキムチ風きゅうり

辛甘みそだれ でパパッと一品

作り方

きゅうり2本は皮を縞目にむいて2cm長さに切り、たれをかける。

豚ばらカリカリ炒め

辛甘みそだれ
でパパッと一品

作り方

豚ばら薄切り肉150gは食べやすい大きさに切り、フライパンに油はひかずに炒める。カリッと焼けたら、たれをかける。

かければ和食だれ

梅だれ

2〜3
人分

材料

梅肉……大さじ1

砂糖……小さじ2

ごま油……小さじ1

作り方

すべての材料を混ぜ合わせる。

使い方

* かつおの刺身のかけだれにおすすめ。
* あじのたたきやいわしの刺身にもよく合う。
* 大根やきゅうりなどの生野菜とも好相性。
* マッシュルームやエリンギなど、炒めたきのこに。

発酵かけだれシリーズ

少しでも体にいいものを食べたい…
そんなときには、
チーズ、ヨーグルト、みそ、酢など
発酵食品の力を借りましょう。

2～3
人分

発酵かけだれ
シリーズ

パルメザン
ペッパーだれ

Parmesan Pepper Sauce

〈パルメザンペッパーだれ〉

材料

粉チーズ……大さじ3

粗びき黒こしょう……小さじ1

黒こしょう……小さじ1/4

チリペッパー……少々

アーモンド（刻む）……大さじ2

紫玉ねぎ（みじん切り）……大さじ1

オリーブ油……大さじ1

作り方

すべての材料を混ぜ合わせる。

使い方

＊うどんやパスタにかけて、よく和えて食べる。
＊生野菜にかけると、食べごたえのあるサラダに。
＊蒸し野菜、ゆで野菜にもよく合う。
＊肉や魚のたれとしても重宝する。

レタスとバゲットのシーザーサラダ風

パルメザンペッパーだれでパパッと一品

作り方

ロメインレタス3〜4枚、バゲット10cmはひと口大に切り、混ぜ合わせてたれをかける。

イタリアンうどん

パルメザンペッパーだれ
でパパッと一品

作り方

冷凍うどん2玉をゆでて、たれをかける。

発酵かけだれ
シリーズ

アンチョビ にんにくだれ

Anchovy Ninniku Sauce

2〜3
人分

〈アンチョビにんにくだれ〉

材料

アンチョビ……2枚

にんにく(刻む)……小さじ2

オリーブ油……大さじ2

塩……小さじ1/4

作り方

アンチョビはみじん切りにする。
すべての材料を混ぜ合わせる。

使い方

* パスタと和えるだけで、本格イタリアンに。
* 魚料理とよく合う。
* お刺身との相性もバッチリ。
* サラダにかけて、ドレッシングとしても使える。

ほたてのカルパッチョ

アンチョビにんにくだれでパパッと一品

作り方

ほたて（刺身用）5コは厚みを2～3枚に切って並べ、たれをかける。

ゆでキャベツサラダ

アンチョビ
にんにくだれ
でパパッと一品

作り方

キャベツ1/4コ（250g）はひと口大に切り、さっとゆでて、たれをかける。

発酵かけだれシリーズ

ヨーグルトきゅうりだれ

Yogurt Kyuuri Sauce

2〜3人分

〈ヨーグルトきゅうりだれ〉

材料

ヨーグルト（プレーン）……100g

きゅうり（刻む）……大さじ3

紫玉ねぎ（刻む）……大さじ1

塩……小さじ1/4

オリーブ油……大さじ1

作り方

すべての材料を混ぜ合わせる。

使い方

＊サラダのドレシッングとして最適。

＊魚料理との相性もバッチリ。

＊肉料理もさっぱりと食べられる。

ほうれん草のトルコ風サラダ

ヨーグルトきゅうりだれでパパッと一品

作り方

ほうれん草3/4束（150g）は色よくゆでて2cm長さに切り、たれをかける。

サーモンソテー

ヨーグルトきゅうりだれでパパッと一品

作り方

サーモン2切れはオリーブ油大さじ1/2を熱したフライパンでソテーし、たれをかける。

2～3
人分

発酵かけだれ
シリーズ

甘みそだれ

Ama Miso Sauce

〈甘みそだれ〉

材料

西京みそ（普通のみそでも可）……大さじ2

砂糖……大さじ1

しょうゆ……小さじ1

おろししょうが……小さじ2

塩……小さじ1/8

作り方

すべての材料を混ぜ合わせる。

使い方

＊焼いたさばにかければ、さばみそ風になる。
＊いわし、ぶり、たら、さけなどの焼き魚におすすめ。
＊豆腐や厚揚げ、ゆで野菜にもよく合う。
＊焼いた豚肉や鶏肉にかけてもおいしい。

焼きさばみそ

甘みそだれでパパッと一品

作り方

さば1枚は2等分し、魚焼きグリルでこんがりと焼いて、たれをかける。

ゆで玉ねぎ

甘みそだれ
でパパッと一品

作り方

紫玉ねぎ1/2コと玉ねぎ1/2コは1.5cm幅のくし形に切り、ゆでてたれをかける。

発酵かけだれ
シリーズ

ピーナッツ酢みそだれ

Peanut Sumiso Sauce

2〜3
人分

〈ピーナッツ酢みそだれ〉

材料

ピーナッツ（刻む）……大さじ2

みそ……大さじ1と1/2

砂糖……大さじ1

酢……大さじ2

作り方

すべての材料を混ぜ合わせる。

使い方

＊ほうれん草や小松菜など、ゆでた野菜に。
＊焼いたり蒸したりした鶏肉や豚肉におすすめ。
＊たこやほたての刺身にかけても。

焼きねぎ

ピーナッツ酢みそだれ
でパパッと一品

作り方

長ねぎ2本は魚焼きグリルでこんがりと焼き、3cm長さに切ってたれをかける。

蒸し鶏

ピーナッツ酢みそだれ

でパパッと一品

作り方

鶏もも肉1枚はフライパンに入れて酒大さじ1をふり、湯大さじ3を加えて強火にかけ、沸騰したらフタをして弱火にする。鶏肉に火が通ったら取り出し、7㎜幅に切ってたれをかける。

2〜3
人分

発酵かけだれ
シリーズ

クルミみそだれ

Kurumi Miso Sauce

〈クルミみそだれ〉

材料

クルミ（刻む）……大さじ3

みそ……大さじ1と1/2

黒糖（普通の砂糖でも可）……大さじ1と1/2

作り方

すべての材料を混ぜ合わせる。

使い方

＊セロリやきゅうりなど、生野菜に。

＊ほうれん草や小松菜など、ゆでた野菜に。

＊炒めたいんげんやピーマンにかけてもおいしい。

＊炒めた豚肉との相性もいい。

＊焼いた厚揚げや油揚げにかけて、おつまみとしても。

セロリスティック

クルミみそだれでパパッと一品

作り方

セロリ1本は食べやすい大きさに切り、たれをかける。

厚揚げ焼き

クルミみそ
だれ
でパパッと一品

作り方

厚揚げ1枚は熱湯でさっとゆでて油抜きする。
角切りにし、サラダ油大さじ1を熱したフライパンでカリッと焼きつけ、たれをかける。

人生の活動源として

いま要求される新しい気運は、最も現実的な生々しい時代に吐息する大衆の活力と活動源である。

文明はすべてを合理化し、自主的精神はますます衰退に瀕し、自由は奪われようとしている今日、プレイブックスに課せられた役割と必要は広く新鮮な願いとなろう。

いわゆる知識人にもとめる書物は数多く窺うまでもない。

本刊行は、在来の観念類型を打破し、謂わば現代生活の機能に即する潤滑油として、逞しい生命を吹込もうとするものである。

われわれの現状は、埃りと騒音に紛れ、雑踏に苛まれ、あくせく追われる仕事に、日々の不安は健全な精神生活を妨げる圧迫感となり、まさに現実はストレス症状を呈している。

プレイブックスは、それらすべてのうっ積を吹きとばし、自由闊達な活動力を培養し、勇気と自信を生みだす最も楽しいシリーズたらんことを、われわれは鋭意貫かんとするものである。

―創始者のことば―　小澤和一